AF451787

PARAPILLA,

POËME

EN CINQ CHANTS.

PARAPILLA,

POËME

EN CINQ CHANTS,

Traduit de l'Italien.

A FLORENCE,

Chez Cupidon.

M. DCC. LXXVI.

PARAPILLA,

CHANT PREMIER.

D'Autres pourront chanter le Labarum,

Le bouclier de l'Amant d'Egérie,

Ou l'Oriflamme, ou le Palladium,

Ou des Rhémois l'Ampoule ſi chérie,

Préſents ſacrés, tous deſcendus des Cieux,

Des Rois dévots merveilleuſes étrennes:

Je veux chanter un don plus précieux.

A 3

Ce bijou - ci plairoit beaucoup aux Reines ;
Il eſt céleſte, unique, plein d'attraits :
Mais par malheur, ſur les traces d'Aſtrée,
Il remonta là - haut dans l'Empirée ;
Le Ciel jaloux a repris ſes bienfaits.

TENDRE Vénus, & vous Minerve même,
Guidez mes chants, inſpirez tous mes Vers ;
Vous m'aiderez à charmer l'univers ;
Et mon Héros, par ſa beauté ſuprême,
Tiendra ſur lui vos yeux toujours ouverts.

GRACE à ma muſe, Émule de Virgile,
J'ai fait l'exorde ; & c'eſt beaucoup dit - on ;
Parler des Dieux, n'eſt pas choſe facile :
Or ſus, ma lyre, il faut baiſſer d'un ton.

J'ADIS vivoit dans les murs de Florence
Un beau Gallant, d'une haute naiſſance,

Nommé Rodric ; hélas ! trop généreux.
Car de la Blonde allant droit à la Brune,
En beaux feſtins, cadeaux, plaiſirs & jeux,
Il eut bientôt diſſipé ſa fortune.
Que devenir en cette extrêmité ?
Sage il devint, grace à l'adverſité.
Fuyant ſa honte, & cachant ſa miſere,
L'infortuné, d'un peu d'argent comptant
Qui lui reſtoit, achete une chaumiere,
Et tout auprès un petit bout de champ.
Là, tout penſif, ſans valets ni ſervantes,
Il travailloit, ayant parmi ces ſoins
Un peu d'humeur : on en auroit à moins.

L'AURORE ouvroit ſes portes éclatantes
Quand tout-à-coup un beau jeune Garçon
Vint l'aborder, & lui dit ſans façon :
» Holà, l'ami, dis-moi ce que tu plantes ?
Rodric, peu fait à ces tons élevés,

Lui répondit : » c'est ce que vous savez.

Jeunes Beautés, ce ne sont pas ses termes :

Il se servit de mots un peu plus fermes,

Disant tout haut les choses par leur nom,

Que je tairai, si vous le trouvez bon.

Vous connoissez cette plante si belle ;

De vos beaux yeux un doux regard suffit,

Un seul regard, c'est le soleil pour elle,

Mais reprenons le fil de mon récit.

LORSQUE Rodric, ayant martel en tête,

Eut proféré ce discours malhonnête,

Le beau Garçon froidement déclara :

» Vous en plantez, eh bien, il en viendra. »

Soudain il fuit comme une ombre légere,

Et de son pied touche à peine la terre.

RODRIC alors resta pétrifié,

Lui qui parloit en tout tems comme un livre :

Avoir ainſi manqué de ſavoir - vivre,

Brutalement avoir congédié,

O Ciel ! & qui ? ... c'eſt un Ange .... ſans doute,

C'eſt Gabriël de la céleſte voûte

Exprès pour lui deſcendu par pitié.

Un tel ſoupçon n'a rien de fort étrange.

Durant le cours de ſes plaiſirs mondains,

Toujours Rodric honora ce bel Ange,

Beau meſſager du Maître des deſtins.

Car à Florence on brûle plus de cierges

Aux Chérubins, qu'aux onze mille Vierges ;

Informez - vous, chacun vous le dira.

Mais quel remords, & quelle étourderie !

Comme il gémit & ſe déſeſpéra !

Si de l'effet la menace eſt ſuivie,

Plus de reſſource ; & comment ſe nourrir :

Pauvre Rodric, tu n'as plus qu'à mourir.

L'ASTRE du jour, durant cette élégie,

De ſes rayons prodiguant les bienfaits,

Lançoit par-tout la chaleur & la vie:

Soir & matin Rodric eſt aux aguets.

Finalement, ô douleurs! ô regrets!

Le fruit fatal s'élevant ſur la terre,

Nouvel Œdipe, eſt vainqueur de ſa mere.

Fille qui trouve un ſerpent ſous ſes pieds

En folâtrant ſur la verte prairie,

De plus d'effroi ne peut être ſaiſie.

Point de pécheurs qui ne ſoient châtiés.

Rodric puni ſe ſigne, s'agenouille,

De pleurs amers ſon viſage ſe mouille:

Ecoutez bien, mes vers ſont un ſermon.

Le Gabriël eſt né plaiſant, mais bon;

Il pardonna. Les aîles étendues,

Je l'apperçois, qui, d'un air triomphant,

Paré de pourpre & porté ſur des nues,

Dit à Rodric: » Calme-toi, mon enfant;

» Tu viens de voir un singulier prodige,

» Mais ce n'est rien: prends la plus belle tige:

» Dans un panier alors tu la mettras ;

» Cours à la Ville , & là tu la vendras

» Cent mille écus; c'est le prix , & pour cause;

» Car aussi-tôt que l'on verra la chose,

» Femme ni fille , à tous ne manquera

» De s'étonner , & de crier AH ! AH !

» Or , dans l'instant la divine merveille,

» Chez celle-là qui poussera ce cri ,

» S'introduira , mais non pas par l'oreille ;

» Et là sans cesse , un doux charivari

» Excitera volupté sans pareille ,

» Si l'on ne dit ce mot, PARAPILLA.

» Adieu , Rodric; retiens bien tout cela.

L'Ange s'envole , & Rodric s'humilie.

IL s'en va donc cueillir le fruit de vie,

Bien proprement le place en un panier ,

D'un tas de fleurs lui fait un oreiller,
Le tout couvert de belle mousseline :
Le Pain béni n'a pas meilleure mine.
Quant au surplus des fruits de ce jardin,
Vous le dirai - je ? il disparut soudain.

LE cher Rodric cependant s'achemine ;
Il va bientôt revoir ces lieux chéris,
Temple des Arts, enfans des Médicis.
Tout s'embellit sous leurs mains souveraines ;
Nobles Tyrans, & modeles des Rois,
Les Muses même avoient dicté leurs loix,
Et leur Palais est l'asyle d'Athenes.
Avec transport Rodric hâta ses pas ;
Et le voilà, criant sa marchandise,
Et par son nom, de crainte de méprise,
Sans quoi les gens ne devineroient pas.
Car lisez bien fable, Roman, Histoire,
Interrogez Sorciers & Loup - garoux,

Point ne verrez que jamais à la foire
On ait vendu de femblables bijoux.
Contes en l'air, me diront cent critiques ;
Tant pis pour eux : c'eft un homme de bien
Qui nous tranfmit tous ces faits authentiques ;
Si l'on en doute, on ne croira plus rien.
Gens indévots, grands faifeurs d'Epigrammes,
Exercez-vous, j'en prends peu de fouci ;
Moi, je fuis fimple, & c'eft aux bonnes ames
Que je veux plaire en écrivant ceci.
Or, préparez vos yeux & vos oreilles.
O Gabriël ! que ton bras eft puiffant !
Vous allez voir d'étonnantes merveilles ;
Mais laiffez-moi refpirer un moment.

CHANT II.

FILLE du Ciel, douce Philosophie,

Combien de foux abusant de ton nom,

Et des François corrompant le génie,

Ont, en Mégere, affublé la raison!

Timon se leve, & dit d'un ton sublime :

Meurent les Arts, & périsse l'esprit!

L'homme est charmant sitôt qu'il s'abrutit ;

Et tous les sots reçoivent pour maxime,

Qu'il est grand jour aussi-tôt qu'il fait nuit.

Ainsi bravant la sagesse éternelle

Qui nous traça les routes du bonheur,

L'homme insensé se croit plus sage qu'elle.

Eh ! qu'a produit cette sombre fureur ?

Triste & farouche on dédaigne la vie,

Le Suicide a fouillé ma patrie ;
De noirs forfaits remplacent le plaifir :
On trembleroit de careffer les graces,
Le fanatifme eft errant fur nos traces
La gaieté fuit, & je cours la faifir.

A l'heure même étoit à fa toilette
Bien triftement Madame Capponi,
Très - mal nommée, & les aimant, nenni ?
Au demeurant riche, belle, difcrette,
Pleurant encor la mort de fon mari,
Et du veuvage affez mal fatisfaite.

LE Crieur paffe, & certain fon qui plaît.
Frappe la Dame, & la trompe peut-être.
Marton, dit-elle, allez à la fenêtre,
Écoutez bien, & fachez ce que c'eft.
Marton bientôt revient toute troublée ;
Le croirez-vous ! ah ! Madame, écoutez !

C'eft un Marchand, ... je fuis émerveillée. —
Mais que vend-il ? — Ce que vous regrettez.
La Dame dit : faites venir cet homme. —
Quoi ! l'appeller ! ... la chofe vous furprend ?
Tenez pour fûr qu'à Paris ou dans Rome
Toute autre qu'elle en auroit fait autant ;
Et telle ici qui fait la précieufe,
A fon Marchand qu'elle voit chaque jour ;
Le Roi, la Reine, avec toute fa Cour,
N'ont-ils pas vu la piece curieufe ?
Or, c'eft le cas, ou jamais il n'en fut.

Le Marchand donc à l'inftant comparut ;
Bien humblement il fit fa révérence,
Ote le voile, & le tout fe paffa
Comme à Rodric Gabriël l'annonça.
Figurez-vous en pareille occurrence
L'émotion & le faififfement
D'une Beauté qui fe voit envahie,

E

Et fans refpect ainfi prife à partie.

Et néanmoins le premier mouvement,

Si naturel, fut de le laiffer faire,

Se réfignant, foupirant de grand cœur,

Et des deux mains, par excès de pudeur,

Cachant fes yeux. Le fecond tout contraire

Fut d'écarter, hélas ! le téméraire :

Mais vains efforts & nouvel embarras ;

Elle le veut, elle ne le peut pas. —

Mon cher Monfieur, voulez-vous que je meure !

Je ne puis plus endurer ce méchant....

Ah ! par pitié, délivrez-moi fur l'heure. —

Très-volontiers. Prononcez feulement

PARAPILLA. — Fi donc, c'eft du grimoire,

Vous me trompez.—Non ; vous pouvez m'en croire,

Le terme eft neuf....propre à la chofe.— Mais !

Elle frémit, & ne dira jamais

Ce vilain mot. La charmante hypocrite

Gagnoit ainfi du tems & du plaifir,

B

Et ce ne fut qu'avec un grand foupir
Qu'elle lâcha la parole fufdite.
L'efprit malin a déja pris la fuite.
Parmi les fleurs prompt à fe recueillir,
On le prendroit pour un Saint dans fa niche,
Ah ! reprit-elle, avec un air confus,
Et le voilà dans l'inftant qui déniche.
Pour fe nicher tout comme ci-deffus.
Que ne peut point un procédé fi tendre !
Le cher ami déja reffufcité ;
PARAPILLA fe fait long-tems attendre.
Le phénoméne eft vingt fois répété ;
Précaution que prend toujours le Sage,
S'il veut à fond favoir la vérité.
Je n'en dirai fur cela davantage,
J'en ai trop dit, peut-être ; mais enfin
Vous connoiffez ce pauvre genre humain :
Pour peu qu'un fait foit hors de leur portée,
Un grave fot, une tête éventée

Vous traitera de menteur, ou de fou,
Si l'on ne dit comment, pourquoi, par où.

POUR terminer, la Dame bien inſtruite,
Bien exercée, acheta le bijou,
Sans marchander ſur la valeur preſcrite.
Le bon Rodric eut les cent mille écus.
C'étoit alors une aſſez forte ſomme,
Qui ſuffiſoit pour vivre en honnête homme.
Il eſt heureux ; que voulez - vous de plus ?
Mais il nous reſte un tréſor bien plus rare !
Que devint - il ? tout vous ſera conté.

JAMAIS tréſor ne fut par un avare
Gardé ſi bien, ſi ſouvent viſité :
Il eſt enché au fond d'une caſſette,
A double clef, & fermante à ſecret :
Même Marton confidente diſcrete,
Ne le vit plus, quoiqu'à ſon grand regret.

La Dame, hélas! toujours fe féqueftroit;

Dirai - je. feule, ou bien en tête - à - tête ?

Ne fe laffant d'éprouver fa conquête,

Examinant cette propriété,

D'aller, venir toujours à volonté;

Rare talent & vertu fouveraine,

Que n'eut jamais pour Princeffe ou pour Reine

Aucun Amant, tant foumis ait été.

Ainfi paffa le cours d'une femaine

Comme un inftant: la Dame en tout ceci

Ne regrettoit au monde ame qui vive;

Plus de vifite active, ni paffive:

Tout le quartier étoit fort en fouci.

C'eft une énigme; eft - elle folle, ou morte?

Chacun raifonne, & chacun dit fon mot.

Force valets vont fans ceffe à la porte:

Or, convenez que le monde eft bien fot.

LA belle Veuve eut une fœur Abbeffe,

Que tous les jours, avant ce cas preffant,

Elle alloit voir par excès de tendreffe.

De la Nonnain peignez-vous la détreffe!

Huit mortels jours ont duré comme cent.

Chaque matin un billet de reproche,

De défefpoir; fon trépas eft fi proche,

Que notre Belle à la fin fe réfout,

Vole au parloir: la fcene fut touchante:

La Dame foible, & la Nonne exigeante;

De point en point on lui raconta tout.

Peut-on mentir, hélas! à ce qu'on aime!

Oferez-vous cacher votre bonheur

A qui le doit fentir comme vous-même?

L'Abbeffe avoit un grand fond de pudeur;

Elle frémit des péchés de fa fœur,

Et d'autant plus que l'outil diabolique

Fut fûrement formé par art magique.

Oh! non, dit l'autre; il eft venu du Ciel,

C'eft un préfent de l'Ange Gabriël.

Prouvant ce point d'une façon très-claire :
S'il eft ainfi, prêtez-le-moi, ma chere,
J'aurai bientôt connu la vérité ;
Si dans le fait c'eft un fruit de la grace,
Que parmi vous on appelle efficace,
Il ne fauroit bleffer la pureté :
Mais pardonnez à ce cœur agité,
Qui doute encore ; il s'agit de votre ame.

Au nom du Ciel, au nom de la vertu,
Tant fut enfin requis & débattu,
Qu'il faut permettre un foin qu'elle réclame.
Le lendemain, de crainte d'accident,
Un laquais fûr, & de plus très-prudent,
Doit apporter la célefte caffette ;
Un autre à part des clefs fera chargé :
Et le retour eft de même arrangé.
Le tout enfin, après l'épreuve faite,
Fidélement fera rendu le foir.

Adieu, ma sœur, adieu, jusqu'au revoir.

LA Dame alors revient en diligence,
Le cœur serré, pleurant son imprudence,
Et maudiffant ce funefte projet.
Qu'a - t - elle dit, hélas! qu'a - t - elle fait!
Comment pouvoir fupporter cette abfence!
Et cependant, au fond, ce n'eft qu'un jour.
Ah! c'eft un fiecle! ainfi compte l'Amour.
Vous concevez que la nuit fut fort tendre;
On n'entendit que le bruit des foupirs,
Tous précédés, ou fuivis des plaifirs:
Un doux repos vint enfin les fufpendre.
Mais quel réveil! quel trouble! quel moment!
L'ame, fans doute, a fes preffentimens!
Ah! c'eft fa faute; elle fut fort peu fage,
Trop confiante, & connut mal le prix
D'un tendre Amant que l'on tient au logis,
Point indifcret, & fur - tout point volage;

Dont nul voisin ne disoit, le voilà ;

Et qui, charmé de son doux hermitage,

Quand on vouloit, se trouvoit toujours là.

Mais à sa sœur elle a promis ce gage :

L'heure s'envole ainsi que les amours.

Adieu, dit-elle ; & de l'œil & du geste,

Le caressant en personne modeste,

Elle l'enferme, il part, & pour toujours.

CHANT III.

MES chers amis, faites treve à vos larmes;
Si l'imprudente éprouve quelqu'ennui,
Elle eut huit jours de plaifirs, Dieu merci,
Sans nulle paufe. En ce féjour d'allarmes
C'eft un bon lot : hélas ! tout nous apprend
Que le bonheur eft chofe fugitive ;
D'un pied boîteux jufqu'à nous il arrive,
Se montre à peine, & s'échappe à l'inftant.

MAIS j'apperçois les murs de l'Abbaye,
Vafte édifice, où les Burnelefchis,
Les Sartonis, par cent travaux exquis,
Ont de leur art épuifé le génie.
L'azur & l'or y mêlent leurs couleurs.

Là, dans le sein de la magnificence,
L'oisiveté, par des vœux imposteurs,
Se vante encor d'embrasser l'indigence.
La chasteté s'y garde comme ailleurs.
C'est un serrail de Sultanes jalouses,
Et qui par fois, pour charmer leur ennui,
D'un même Dieu se disant les épouses,
Font des enfants qui ne sont pas de lui.
Pour mon Héros, c'est l'isle de Cythere.
Que l'Aumônier va languir aujourd'hui !

L E saint dépôt arrive au Monastere :
L'oreille au guet, & qui n'est pas d'un sourd,
L'Abbesse est - là, marmotant sa priere :
Donnez, donnez, dit - elle à la Tourriere ;
Hélas ! ma sœur, le fardeau n'est pas lourd.
Et la voilà qui court à sa cellule,
A deux genoux invoquant sainte Ursule.
On mit le tout sur un petit Autel,

Puis on s'arma du livre aux exorcifmes ;

On parcourut le facré Rituel,

Lifant tout haut, faifant cent folécifmes,

Sans que jamais Belzébut, Aftarot,

A fon latin répondiffent un mot.

Dieu foit loué, dit-elle, je fuis fûre

Qu'il n'eft point-là de démons malfaifants ;

La chofe vient du Ciel même en droiture,

Le doigt divin fe trouve là-dedans.

En ce moment les clefs lui font remifes,

Elle ouvre, & crie en toute humilité.

PEINDRAI-JE ici les nobles entreprifes

Du fier vainqueur & fon activité,

Lorfqu'il franchit de plein faut les obftacles,

Gages certains de la virginité.

Point ne faifons de femblables miracles,

Foibles mortels ! La Nonne foupira

Et commençoit à prononcer PARA...

Mais s'arrêtant fur la foi des Oracles,
Elle s'écrie : O Ciel, foyez béni!
La Nonne eft chafte, il faut beaucoup de gafes.
Abrégeons donc. La Dame Capponi
Eut des tranfports ; l'Abbeffe a des extafes.
Il eft certain qu'elle vit plufieurs fois
Le Paradis tout comme je vous vois.

HÉLAS ! parmi fes tendres agonies,
Elle oublia tout net d'aller au Chœur,
Où l'on chantoit les Vêpres, les Complies ;
Et c'eft delà que vint tout le malheur :
Madame en tout donnoit le bon exemple,
Et fe montroit fort affidue au Temple :
Par quel hafard n'avoir point affifté ? ...

TOUTES les Sœurs, au fortir de l'Office,
Courent en foule, & Profeffe & Novice,
Pour s'informer de fa chere fanté.

En tête font deux des plus familieres,

Qui de fa porte ont franchi les barrieres.

Quoi ! direz-vous, la porte à double tour

N'étoit pas clofe ! hélas ! non, je l'avoue ;

Et le démon, qui des filles fe joue,

A fa mémoire a fait ce mauvais tour ;

Ou Gabriël, car on ne fait qu'en croire.

Quoi qu'il en foit, c'eft un fait avéré.

Or, écoutez la fuite de l'hiftoire.

D A N S le moment que le couple eft entré,

Sur fes lauriers fe repofoit l'Abbeffe ;

Et n'allez pas la taxer de pareffe :

Aux champs de Mars & dans ceux de Cypris,

La gloire coûte, & coûte trop peut-être ;

Et c'eft toujours aux dépens de fon être

Qu'un grand courage a difputé le prix.

Vous le jugez, fans que je vous le dife,

Qu'alors la chofe à l'écart étoit mife ;

Même la boîte, où gît le beau Phénix,
Étoit ouverte aux pieds du Crucifix.
Agnès l'a vu, la voilà qui s'écrie....
A ses genoux le vainqueur a volé,
L'affaire est faite, autant de violé.
La sotte, hélas ! craint de perdre la vie ;
Elle est sans art, ne sachant rien de rien.
L'Abbesse dit, que tout est pour son bien,
Mais vainement : & pour la faire taire,
Car à ses cris tout le monde accouroit,
Il fallut bien révéler le mystere ;
Et les deux mots par qui tout s'opéroit,
Dont l'autre Sœur, très - habile écolière,
Fort à propos sut faire son profit ;
Car le grand mot par Agnès étant dit,
Le fier Tarquin soudain la répudie.
Sœur Madelon, qui ne craint pas le viol,
Le couche en joue & l'arrête en son vol :
L'oiseau s'abat ; elle se l'approprie.

Et cependant interrogeant Agnès,

Toutes les Sœurs autour d'elle assemblées,

De Gabriël ont appris les secrets.

Les cris, les pleurs les avoient fort troublées;

Mais contemplant l'adresse & la valeur

De Madelon, & la grace divine

Dont à leurs yeux sa face s'illumine,

Ce noble exemple a ranimé leur cœur.

Elles n'ont vu jamais dans leur Eglise

Miracle aucun qui soit plus à leur guise:

Au don du Ciel toutes prétendent part.

Toutes l'auront, l'Abbesse l'autorise.

Il le falloit; & sans plus de retard :

Ou ç'étoit fait du vœu d'obéissance.

L'ordre est donné, les Sœurs font en silence,

A deux genoux; & l'Abbesse commence.

Vous avez vu dans le saint tems Pascal

Un Directeur assis au Tribunal:

A droite, à gauche, un essaim de fémelles
Est à l'affût, avançant pas à pas
L'une après l'autre ; & si l'une d'entre elles
Est trop long-tems à débrouiller son cas,
Chacune dit : elle ne finit pas ;
Quoi ! tous le jour il faudra se morfondre !
Tel des Nonnains étoit l'empressement,
Plus grand cent fois, j'ose vous en répondre.
PARAPILLA marchoit si lentement,
A chaque fois les A. H ! font tel esclandre,
Sont si nombreux, si prompt, que bien souvent
Le Directeur ne sait auquel entendre.
Plusieurs disoient leur *Benedicite*,
En attendant, d'autres *Veni Sancte*.
Un beau spectacle, étoit la Sous-Prieure
Se recueillant en fille intérieure,
Et soumettant la chair à l'Eternel ;
L'instant d'après une autre moins docile,
Pleine du Dieu, n'ayant rien de mortel,

Se

Se débattoit ainsi que la Sibylle ;

L'autre s'enfuit avec le trait fatal ;

La Mere Alix pensa se trouver mal :

Il est trop vrai que ses forces succombent,

Son œil se ferme, & ses lunettes tombent.

Sœur Madelon, déja faite au péril,

Tint fort long-tems le galant en fourriere ;

On murmuroit : où le miracle est-il ?

Bref, le héros accomplit sa carriere,

Mais ce ne fut qu'après un long combat,

Bien disputé, bien digne de mémoire :

Puis on entonne un beau *Magnificat.*

Tort ou raison, les Sœurs crioient victoire.

Mais ce qui doit charmer tout bon Chrétien,

Trente blessés se portent tous très-bien,

Et vont gaiement souper au Réfectoire.

MAIS savez-vous, Lecteur, l'heure qu'il est ?

Minuit sonné. Depuis la nuit tombante,

Un grand Laquais eſt là-bas en arrêt,

Qui crie, & peſte, & jure, & ſe lamente;

L'Abbeſſe enfin lui porte le coffret.

Le drôle part, & s'en va comme un trait.

CHANT IV.

RIEN ne me charme autant que la morale,

Noble aliment fait pour l'efprit humain ;

Voilà pourquoi ce Poëme en eft plein :

Malheur pourtant à celui qui l'étale

Sans la parer, fans la couvrir de fleurs,

Car il fera bâiller tous les Lecteurs.

L'ame eft rebelle auffi-tôt qu'on l'ennuye.

Maffillon même a fa coquetterie,

Et Fénélon daigna peindre Eucharis.

Que fi je trace aux Belles de Paris

Des voluptés dignes du Paradis,

Triftes-Docteurs, Cenfeurs atrabilaires,

Quel eft mon but? Cela ne doit-il pas

Les détacher des chofes d'ici-bas?

Chérira-t-on de femblables miferes ?
Galant, de Cour fi beaux, fi bien tournés,
Faites les fiers, on va vous rire au nez.

Eɴ ce tems-là vous faurez que la ville
Fut divifée en différents partis,
Et qu'on craignoit une guerre civile.
Les plus fufpeĉts, étoient les Capponis.
Le Barigel courroit toutes les nuits,
Efpionnant, faifant par-tout la ronde,
Interrogeant & fouillant tout le monde,
Et pour un rien les menant en prifon.
Il rencontra cheminant dans la rue,
L'homme au coffret : l'heure étoit très-indue ;
Et la livrée excitant le foupçon :
Arrête-là... Dis-moi ce que tu portes ? —
» Je n'en fais rien. — La clef ? — Je ne l'ai pas...
» Allons, coquin, au cachot de ce pas.
L'autre entendant çes paroles trop fortes,

Jette la boîte, objet du démêlé,

Et court, & fuit, & tout honteux arrive

A la maison, disant : on m'a volé.

Mais la cassette ? hélas ! elle est captive.

Ce cher trésor, par quel arrêt du Ciel

Va-t-il tomber aux mains d'un Barigel ?

Belles, pleurez, mais sachez vous soumettre ;

Suivons toujours notre histoire à la lettre.

Au point du jour le Prévôt harassé,

Rentrant chez lui, n'eut rien de plus pressé

Que de forcer la boîte & la serrure.

Les gens fort sots ne s'étonnent de rien :

Comme il n'étoit du tout Physicien,

Il dédaigna son étrange capture ;

Et laissant-là le tout à l'aventure,

Entre deux draps il se met promptement,

Et bâille, & ronfle, & dort profondément.

Ce jour-là même il marioit sa fille,
Fort ingénue, au reste assez gentille.
A l'heure dite on va la réveiller.
Tous les parents venoient de s'assembler;
Chacun s'embrasse & l'on court à l'Eglise;
Le Prêtre dit : *Ego, vos conjungo.*
Puis l'on s'en vient, & l'on dîne à gogo,
Tout en disant mainte & mainte sottise.
On rit, on boit, & chacun prophétise
Le siecle d'or aux deux nouveaux conjoints :
C'est fort bien fait ; mais gare les adjoints.

En nous chargeant d'une chaîne si dure,
Avons-nous bien consulté la nature?
Se condamner à se plaire toujours !
Enchaîne-t-on les Graces, les Amours?
Ces petits Dieux n'ont-ils pas tous des aîles !
Hymen se trompe, il en fait des rebelles.
Tyran farouche, impérieux, jaloux,

Comme un Vautour, le foupçon le déchire :

Il eft puni ; l'Amour tombe aux genoux

De la Beauté, la confole, l'admire ;

Par fon refpect, il veut tout mériter :

Elle eft efclave, il en fait une Reine,

Une Déeffe ; on ne peut réfifter.

Vous le croyez... Mais c'eft trop m'écarter

De mon fujet, Gabriël m'y ramene...

L'APRES-MIDI, fans trop favoir pourquoi,

La mariée a quitté la cohue,

Toute inquiete, & rêvant à part foi,

En attendant que la nuit foit venue.

Dire comment la Belle eft parvenue

A cette chambre où fon pere couchoit,

Je n'en fais rien ; mais enfin c'eft un fait,

Et l'y voilà. Quoi, dit - elle, un coffret

De bois de rofe en belle mozaïque ?

Sachons un peu quel eft ce beau fecret.

Ainſi penſoit Eve, Pſyché, Pandore,
Madame Loth, & bien d'autres encore.
Inceſſamment vous jugez qu'elle ouvrit;
Vous devinez comment l'autre s'y prit,
Comme il accourt, comme il entre en ménage?
·Si que la Belle, à ſon apprentiſſage,
Croit que c'eſt-là la fin du Sacrement
Qu'elle ignoroit, & ſe pâme d'autant.

L'É P O U X ſurvient, qui, la trouvant précoce:
Parbleu, dit-il, ne vous preſſez pas tant,
Vous allez voir un beau préſent de noce.
Non, mon ami, non, je le tiens.... Hélas!
C'eſt bien en vain qu'il ſe jette en ſes bras,
Ivre d'amour, impatient ſuperbe;
On lui crioit, vous nous importunés:
Notre homme reſte avec un pied de nez,
Et c'eſt de-là que nous vient le proverbe.

Du haut des Cieux Gabriël a fouri:
Que voulez-vous? tel eft fon caractere,
Il ne craint pas de berner un mari.

Le voilà donc fixé dans la carriere,
Bravant l'hymen, étonnant les Amours,
Ce fier athlete, & triomphant toujours.
Mortels heureux, on vante l'Elifée;
Il étoit-là! mais quoi, dans ce bas lieu
Du plus grand bien il ne nous faut qu'un peu,
Et toujours feindre & chofe mal-aifée.

La chere Enfant, fi l'on veut le favoir,
Fuyoit le monde, & fur-tout les voifines:
Chacun difoit: elle fait trop de mines.
Vous qui riez, je voudrois vous y voir.

Mais tout prend fin parmi l'efpece humaine;
Car un beau jour que fon pere mourut,

Que les parents, amis, tout accourut :
Ah ! disoit-elle, en respirant à peine.
Chaque soupir trompoit, encourageoit
Notre Héros ; plus elle s'affligeoit,
Plus son aspect vous séduit, vous enchante.
Baignés de pleurs, ses regards sont divins,
C'est Médicis, des crayons de Rubens.
Bref, sa douleur parut si ravissante,
Que le scandale en fut universel.
Toute éperdue & le cœur plein d'angoisse,
Elle s'échappe & vole à sa paroisse,
Et se prosterne, & dit : Pouvoir du Ciel,
Rendez la paix à ces sombres demeures !
Ce *Memento* n'étoit pas dans ses heures ;
Elles sont-là, près d'elle, à l'abandon.
Une dévote à coëffe rabattue,
A ses côtés faisant le cou de grue,
Prioit aussi, mais sur un autre ton.
L'autre reprit son livre de prieres,

Et tout-à-coup à ſes regards brilla
Un beau billet en très-gros caraĉteres,
En lettres d'or : dites, Parapilla.
Ne doutant point de quelques grands myſteres,
Elle obéit : Meſdames, plaignez-la.
Triſte miracle, & peu digne d'envie !
Elle ne fit de mines de ſa vie.

Mais l'habitude a de puiſſants appas.
Bien que l'Epoux obtint mainte viĉtoire,
Qu'elle eût par fois qu'elqu'Amant dans ſes bras,
Toujours pleurant les beaux jours de ſa gloire,
Elle diſoit, non, vous ne m'aimez pas.

Or maintenant, quelle ſut la retraite
Du fugitif? La dévote en prit ſoin.
C'étoit Marton : il n'alla pas fort loin.
Du grand Laquais porteur de la caſſette,
Elle a tiré l'aveu le plus complet ;

Delà, fuivant le gibier à la pifte,

Grace au foupçon, bon phyfionomifte,

Elle connut quel lieu le recéloit.

Mais il s'agit d'en être l'exorcifte,

Sans fe commettre; & le plan bien conçu,

Le mot du guet, placé jufte en mefure,

A mis à fin cette belle aventure.

Encor un Chant, tout vous fera connu.

CHANT V.

QUELQUES Lecteurs pourront trouver étrange
Qu'interrompant de si nobles travaux,
Une Soubrette occupe mon Héros.
Mais ce Poëme est dicté par un Ange :
Aux yeux du Ciel le chêne, le roseau,
Le grain de sable, & le plus beau joyau,
Tout est égal. Les charmes, la tendresse
Sont-ils un don de la seule richesse ?
Oh ! qu'il est doux par fois de déroger !
Plus d'un Héros est devenu berger,
Et plus d'un Duc en conte à la suivante.

NOTRE Marton étoit fort avenante ;
Gens du bel air lui conviendroient beaucoup.

Mais dans le deuil de la Dame prudente,
Nul n'eſt reçu: dès qu'elle eut fait ſon coup,
Droit au logis retourne la Donzelle
Genoux ſerrés , tremblant que ſon captif
Ne fût tenté de prendre congé d'elle ,
Et ne lui fît un affront poſitif.

TEL un filou qui, d'une main adroite ,
Vient de voler un bijou précieux ,
Cachant ſon trouble , obſerve à gauche, à droite,
L'air affairé , redoutant tous les yeux:
Ainſi Marton a regagné ſa porte.
Dans ſon réduit, toute ſeule au retour,
Sachons comment la Belle ſe comporte;
Vous y verrez tout ce que peut l'Amour.

SOUVENEZ-VOUS qu'à la premiere vue
Le noble objet eut ſon affection;
Depuis ce jour, c'eſt une paſſion

Que le dépit & l'abfence ont accrue.

Amour alors devient un autre Mars.

Notre Héros courut bien des hafards.

Si du deftin la main toute - puiffante

Avoit permis qu'il pût être vaincu,

Marton, fans doute, eût été triomphante.

Mais vous favez qu'il ne l'a pas voulu.

Bientôt Marton à fa douce Maîtreffe,

Avec ufure, a rendu tous fes torts.

Seule à fon tour en proie à fes tranfports,

De fix laquais l'importune tendreffe

Gémit en vain ; la Belle & fes appas

Ne fe font voir qu'aux heures du repas :

Et lorfqu'il faut paroître à fa toilette,

Deux tours de main, voilà l'affaire faite.

LA Capponi trouva qu'on lui manquoit,

Et le congé lui fut donné tout net.

Sans balancer, Marton & compagnie

L'ont accepté. Tous deux incognito,
Ne se laſſant de leur charmant duo,
Vont occuper une chambre garnie,
Ne voyant qu'eux dans ce vaſte Univers,
Et fort contents d'avoir briſé leurs fers.

AMOUR ! Amour ! quelle eſt ton imprudence !
Diane même a ſenti ta puiſſance :
Combien de ſoins pour ſon Endymion !
Combien l'Aurore a gémi pour Tithon !
Et qu'à Vénus tes malheurs & tes charmes,
Bel Adonis, ont fait verſer de larmes !
Mais ſans chercher des exemples ſi beaux,
Que de Laïs jadis ſi bien payées
Par des Prélats, par des Chefs de Bureaux,
Dans un grenier maintenant oubliées,
Ont tout perdu pour des Godelureaux !

MARTON, ſans doute, a fait une folie ;
La pauvre enfant, ſon fonds eſt bien petit :

Ce

Ce fier régime augmente l'appétit ;

Sa bourfe fut bientôt à l'agonie.

Elle pleura, s'arracha les cheveux.

Voyez gémir l'imprudente fillette !

Son cœur pouffé par de contraires vœux,

Eft devenu la frêle girouette,

Trifte jouet des vents tumultueux.

Que faire enfin ? les extrêmes fe touchent ;

La faim, la foif tellement l'effarouchent :

Allons, dit-elle, & fans plus différer...

Mais perdre, hélas ! de fi douces çareffes !

Et quel moyen de confoler mes fens,

De remplacer d'éternelles tendreffes !

Hé bien, j'aurai, s'il le faut, dix Amants !

Les grands malheurs font les grands fentiments.

FORT à propos dans la maifon voifine,

Lucrece alors, avec trente valets,

En grand fracas vint loger fes attraits.

Marton va voir cette beauté divine.

Entr'elles d'eux le marché fe conclut,

Argent comptant, fans billet ni cédule:

Elle en obtint le prix qu'elle voulut;

Et foyez fûr qu'avec un grand fcrupule,

Inceffamment fon vœu fut acquitté.

Mais que l'on doit d'eftime à cette Belle,

Qui veut orner de cette rareté

Son cabinet d'Hiftoire naturelle!

Qu'elle a de goût & de fagacité!

Or, apprenez que c'eft une Princeffe,

Fille du Pape, & de plus fa Maîtreffe.

ALORS fiégeoit le fameux Borgia,

Du doux Jefus terrible Grand-Vicaire,

Haï de Rome & chéri dans Cythere;

Comme l'on fait, chantant *Alleluia*,

Et célébrant, plus fouvent que la Meffe,

Le cas joyeux dans les bras de Lucrece.

Nul n'a jamais violé celle-ci ;
A Tarquin même elle eût dit, grand merci.

Nous avons vu comme quoi dans Florence
Elle acheta, fans plaindre la dépenfe,
Le don facré : puis elle s'en revint
Au Vatican trouver le Pere Saint.
Le beau bijou ne quittoit fa ceinture ;
Il l'amufa beaucoup dans la voiture,
Toujours charmant, & par monts & par vaux.
Si vous favez tant foit peu de phyfique ;
Fort aifément ce myftere s'explique,
Elle pâmoit prefqu'à tous les cahots.
La caroffée étoit toute en allarmes.
Hélas ! bon Dieu ! dit fa Dame d'honneur,
Vous plairoit-il ce flacon d'eau des Carmes ?
Depuis quand donc avez-vous tant de peur ?
Ah ! difoit l'autre, elle va jufqu'au cœur.

Mais quoi ? déja le toît du Capitole,

Et des Chrétiens l'augufte Métropole,

Frappe fes yeux : non telle qu'aujourd'hui,

Où d'Agripa la fameufe rotonde,

Sur les deffeins du fier Buonarotti,

S'éleve aux Cieux pour commander au monde ;

Mais telle encor que le grand Conftantin,

L'avoit jadis par fes mains confacrée,

Humble au - dehors, & bien plus révérée

Avant le tems de Luther & Calvin.

Oh ! qu'ici - bas les deftins font bifarres !

Tout change en mal fur ce globe maudit :

Rome autrefois redoutoit les Barbares,

Ses Attillas ce font les gens d'efprit.

Mais des enfers que peut la folle rage ?

L A Voyageufe enfin rentre au Palais,

Le cher objet toujours ferré de près.

Bon jour, ma fille, as - tu fait bon voyage ?

Et fourrageant déja tous fes attraits,

D'une main libre... Alte-là, dit Lucrece :

Mon très-cher pere, & mon très-cher amant,

Vous que mon cœur doit chérir doublement,

Votre fanté, c'eft ce qui m'intéreffe.

Vous pouvez tout, & mieux que Jupiter

Savez lancer & la foudre & l'éclair.

En fait d'amour il n'en eft pas tout comme :

Vous le favez, ailleurs qu'*in Cathedrâ*,

Je vous ai vu fujet à l'*Errata* :

Le Dieu du monde eft fouvent moins qu'un homme.

Pour m'épargner tout fâcheux accident,

Saint Gabriël m'a fait un beau préfent.

Malgré l'Eglife, en dépit de la Bible,

Pour cette fois j'ai trouvé l'infaillible.

Voyez plutôt : ce n'eft pas tout encor,

Ajouta-t-elle avec un air novice ;

Quand je permets qu'il prenne un peu l'effort,

Vous allez voir comme il fait l'exercice.

INCONTINENT le Lutin mis en jeu,

Part, s'élançant comme d'une foupape,

Et va brider le nez du Pere en Dieu.

Imaginez l'effroi du vieux Satrape

A cet afpect fubit, inattendu.

Dans fa fureur il pourfuit l'anti-Pape ;

Mais à fon pofte un foupir l'a rendu.

Plus d'une fois on répéta la chofe.

Tel qu'un volant qui jamais ne repofe,

L'oifeau léger partoit & retournoit.

Le Saint Prélat couroit, & entonnoit :

» Au nom du Ciel, de la Vierge Marie,

» Démon, fuyez, je vous excommunie :

Le pourchaffant, alongeant fes deux doigts,

Faifant fur lui de grands fignes de croix,

Le tout en vain : & s'il court à Lucrece,

Déja l'intrus l'a gagné de vîteffe.

La folle éclate, & l'orgueilleux rival

Demeure ferme au lieu Pontifical.

NOTRE Alexandre étoit non moins colere
Que celui-là qui prit Perfépolis.

» Je n'ai donc plus les clefs du Paradis !
Et tout de fuite il écrit à Saint Pierre,
Jurant de mettre & le Ciel & la Terre
En interdit, fi juftice on ne rend
Brieve & prompte, & fur-tout accufant
Le Gabriël d'être un mauvais plaifant.

CE fut au Ciel une rumeur du diable:
Saintes & Saints tout s'affemble, tout court.
L'Ange a beau jeu pour ne pas refter court;
Il s'en explique, & d'un art admirable,
Il détailla les vices du vaurien:
Puis perfifflant le Pape & fa pantoufle
Qu'il fait baifer, le traite de maroufle.
A tout cela, Pierre dit: » J'en conviens;
» Je n'eus jamais cet orgueil peu chrétien:
» Pourtant là-bas il occupe ma place;

» Pour ce brigand, je vous demande grace.
Le tout s'appaife, & tout s'arrange au mieux.

MAIS Gabriël, par une bonne claufe,
Pour fon client obtint l'apothéofe.
Le beau Phénix, tranfporté dans les Cieux,
Devint le page & l'amant des Cometes.
Chacun d'ici peut le voir fans lunettes.

O Gabriël! fi je t'ai mal chanté,
J'efpere, au moins, que dans la Chrétienté,
Ce foible écrit te vaudra quelqu'antienne.
Jeunes Beautés, faites-lui la neuvaine;
Aux cas urgents, dites PARAPILLA,
Mais fans y joindre aucune force humaine:
Et vous verrez combien il eft bon-là.

FIN